buurman S.

Heet Schmitt, dat spreek je uit als Schmiet. Hij woont al dertig jaar in Nederland, maar je hoort niét alleen aan zijn achternaam dat hij uit Duitsland komt.

Pia Putje

Heeft een piepstem en een poedel die Papaja heet.

Boris

Zijn nog dommere herdershond.

Bibliotheek Slotermeer
Plein '40 - '45 nr. 1
1064 ... msterdam
Tel.: 0... 613.10.67
e-mail ... @oba.nl

raar baasje

Domme vent.

afgeschreven

Ilias

Kan de bal wel 275 keer hooghouden!

D1438999

Peter

De baas van de Buurtsuper, stil maar aardig.

burgemeester

Praat een beetje bekakt, maar een belangrijke steun in dit verhaal.

Sam in actie!

Tamara Bos
met tekeningen van Hélène Jorna

De Nederlandse
Kinderjury
2011

1e druk 2010
ISBN 978.90.487.0770.6
NUR 282

© Uitgeverij Zwijsen B.V. Tilburg, 2010
Tekst: Tamara Bos
Illustraties: Hélène Jorna
Vormgeving: Rob Galema

Voor België:
Uitgeverij Zwijsen.be, Antwerpen
D/2010/1919/293

Behoudens de in of krachtens de Auteurswet van 1912 gestelde uitzonde-
ringen mag niets uit deze uitgave worden verveelvoudigd, opgeslagen in een
geautomatiseerd gegevensbestand, of openbaar gemaakt, in enige vorm of op
enige wijze, hetzij elektronisch, mechanisch, door fotokopieën, opnamen of
enige andere manier, zonder voorafgaande schriftelijke toestemming van de
uitgever. Voor zover het maken van reprografische verveelvoudigingen uit deze
uitgave is toegestaan op grond van artikel 16 h Auteurswet 1912 dient men
de daarvoor wettelijk verschuldigde vergoedingen te voldoen aan de Stichting
Reprorecht (Postbus 3060, 2130 KB Hoofddorp, www.reprorecht.nl). Voor
het overnemen van gedeelte(n) uit deze uitgave in bloemlezingen, readers en
andere compilatiewerken (artikel 16 Auteurswet 1912) kan men zich wenden
tot de Stichting PRO (Stichting Publicatie- en Reproductierechten Organisa-
tie, Postbus 3060, 2130 KB Hoofddorp, www.cedar.nl/pro).

Inhoud

Lees eerst even dit	8
Vlug vlug	11
Sorry!	14
Chatten 1	17
Regels	21
Afluisteren	24
Met de poppen?	28
Balletje hoog	31
Flauw	34
Wegwezen!	37
Verboden voor kinderen	40
Chatten 2	43
Doelpunt!	46
Poep!	49
Een drollenveld	52
Wie-o-wie?	55
Een raar baasje	58
www.wegmethondenpoep.nl	61
De gemeente	63
Verboden	66
Grote bah	68
Weg	71
Een goed idee	74
Chatten 3	77
Bij de burgemeester	80
Peter, bedankt!	85
Langs de deuren 1	88
Langs de deuren 2	92
Een rare ontdekking	96
Echte actie!	98
Wij willen spelen!	100
Bezet	102
Kouwe kak	105
En nu ...	108

Lees eerst even dit

Sam

Hallootje! Ik ben Samantha, maar zeg maar Sam. Vroeger
zat ik altijd achter de computer. Dat mocht van mijn
moeder. Tenminste ... eigenlijk mocht het niet, maar mama
was veel te druk met zichzelf. Praten met vriendinnen. Over
de scheiding en zo. En toen kwam Bert-Jan, mijn moeders
nieuwe vriend. Ik kan er niet veel over zeggen. Alleen dat
alles anders werd. Dat vond ik eerst superstom. Maar toen
wist ik nog niet wat er komen ging.

Als je verder leest, zul je horen wat er gebeurde. Horen ja ...
Het is de bedoeling dat jij hardop gaat lezen. De ene keer
zeg je wat ik zei tegen mijn moeder. En de andere keer ben
je die slome Jort. Of Bert-Jan. Of iemand anders die je
voorin op de plaatjes hebt gezien. Je leest met zijn tweetjes.
Per hoofdstuk spreek je af wie wie is en wie de tussenstukjes
leest. Door hardop te lezen, speel je eigenlijk na wat er
gebeurt. Eén van de voorlezers leest ook de blauwe tekst.
Bij het volgende hoofdstuk leest de ander de blauwe tekst.

Wacht, hoho, nog niet gaan lezen. Dit móét je nog weten voordat je gaat beginnen.

1. Spreek niet te snel en praat duidelijk.
2. Probeer te voelen wat de persoon die je leest voelt. Dat maakt het echter.
3. Woorden met een accent naar rechts lees je met véél nadruk.
4. Bij drie puntjes ... moet je even wachten.
5. Zinnen met een ! lees je harder!
6. Gebruik soms een gek stemmetje, dan wordt het lezen leuker!

Vlug vlug

Sam

Jort

*I*n dit hoofdstuk zit ik, Sam dus, op de fiets. Ik word gevolgd door Jort, een jongen uit mijn klas die ook in mijn straat woont. Ik wil zo snel mogelijk naar huis, naar mijn computer. Ik heb geen zin om met Jort te praten. Ik vind hem oersaai, maar dat heeft hij niet door.

Jort   Sam, hé Sam. Wacht even.

Sam doet alsof ze niks hoort.

Jort   Sam! Stop nou even!

Sam zucht. Ze kan niet anders dan afremmen. Jort komt hijgend naast haar fietsen. Hij lacht vriendelijk. Sam lacht terug. Jort ziet niet dat het nep is.

Jort   Hè, hè. Wat fiets jij toch altijd hard.

Sam	Ja, en wat fiets jij langzaam. Kan ik ook zeggen.
Jort	Spelen? Ik heb een nieuw spel voor mijn Xbox.
Sam	Een Xbox is stom.

Jort	Ik dacht dat jij van computerspelletjes hield?
Sam	Op de computer ja, maar niet op de Xbox. Alleen maar stom schieten.
Jort	Helemaal niet. Trouwens, schieten is leuk.
Sam	Vind jij. Ik dus niet. Ik hou van andere dingen op de computer.
Jort	Zoals?
Sam	Filmpjes kijken. Websites maken.
Jort	Een website maken ...? Kun jij dat?
Sam	Natuurlijk, van mijn vader geleerd.
Jort	Je vader? Maar die woont toch niet meer bij jullie?
Sam	Nee! Dus?
Jort	Niks.

Sam lacht met een smalend lachje. Jort blijft kalm. Hij trekt zich niks van Sams gesnauw aan. Jort praat vrolijk verder.

Jort	Jij hebt zeker een Wii? Dat is echt voor meisjes.
Sam	Ik heb geen Wii. En trouwens, alles wat voor jongens is, is ook voor meisjes. Maar de Xbox is alleen voor sukkels zoals jij.

Daar heeft Jort niet van terug. Hij blijft beteuterd achter, terwijl Sam weer keihard verder fietst. Ze laat Jort al snel achter zich.

Zo, nu is ze bijna thuis. Daar is de Buurtsuper al. Ze hoeft alleen nog maar het hoekje om en dan ...

Sorry!

Sam
raar baasje
Boris

In dit hoofdstuk heb ik nog steeds haast. Ik wil naar huis, naar mijn computer. Maar dan krijg ik ineens te maken met de herdershond Boris en zijn baasje. Eén van jullie leest mij (Sam). De ander leest Boris de herdershond en zijn baasje. Zoals ik al zei, ik heb haast. Met een noodgang sjees ik om het hoekje bij de Buurtsuper en ...

Boris   Waf woef waf!

Sam schrikt. Boris, de grote herdershond, zit vastgebonden aan een rek voor de winkel. Hij blaft hard en wil tegen haar op springen.

Boris   Wraf, wraaaaf!

Sam rukt aan haar stuur om Boris te ontwijken. Ze gaat rakelings langs de deur van de winkel. O nee! Er komt net een klant naar buiten.

Ieeee! Sam remt keihard. Haar band slipt over de tegels.
Ze botst bijna tegen de klant. Hij heeft zijn armen vol met
boodschappen.

Sam   Kijk uit!
baasje   Kijk zelf uit!

De man schrikt zo erg van Sam, dat hij alles laat vallen.
Een grote zak hondenbrokken valt kapot op de stoep.
Honderden brokjes rollen over straat.

baasje   Hé, kijk eens uit je doppen!
Sam   O, sorry!
baasje   Dat kun je wel zeggen ja ... Ben je blind of zo?
Sam   Nee natuurlijk niet, maar ...

Boris	Waf, woef, grrrr.
baasje	Af Boris, af ... Ja, die hond wil natuurlijk eten. Geef hem eens ongelijk.

Sam stapt van haar fiets. Ze begint de brokken bij elkaar te rapen. Peter, de eigenaar van de Buurtsuper, komt naar buiten met een stoffer en blik en een grote tas.

Sam	Bedankt, Peter.

Peter knikt. Hij zegt nooit zo veel, maar is altijd heel aardig. Tring, tring. Sam kijkt op. Dat is Jort. Hij belt zo hard hij kan. Het baasje van Boris schrikt zich weer een ongeluk. Bijna laat hij zijn boodschappen nog een keer vallen.

baasje	Hé, van die stoep af. Je moet op de straat fietsen. Dat weet elke idioot.

Jort zegt niks. Met een stalen gezicht fietst hij langs Sam en het baasje van Boris.

baasje	Hé, afstappen jij!

De man probeert Jort bij zijn bagagedrager te pakken, maar Jort is hem te snel af!

baasje	Sukkel! De volgende keer stuur ik Boris op je af!

Chatten 1

Sam

papa Job

Bert-Jan

Hè hè. Ik zit al twee uur achter mijn computer. Lekker spelletjes te doen. Ping! Opeens komt er een berichtje van papa binnen. Hij zit ergens in Costa Rica en wil met me praten via de computer. Chatten, weet je wel? Dat kan in zo'n internetcafé. Echt leuk! Nu zie ik hem op het scherm. Hij ziet er vrolijk uit. Met zijn bruine hoofd en blonde haren. Ik heb een koptelefoon op met een microfoontje. Zo kan ik met papa praten via het cameraatje boven op het computerscherm. Je bent nu of mij, of papa Job. En als je papa Job bent, dan speel je ook Bert-Jan.

Sam	Hé pappie! Hoe is het ermee?
papa Job	Hier is alles goed, en daar?
Sam	Goed hoor. Ik was net een spelletje aan het doen. En jij? Heb jij het leuk?
papa Job	Het is hier geweldig. Eerst vond ik het wel moeilijk. Zo alleen op reis.
Sam	Natuurlijk.

papa Job	Maar nu gaat het heel goed. Ik heb allemaal leuke mensen ontmoet.
Sam	Gezellig.
papa Job	En hoe gaat het met Jessica?
Sam	Goed.
papa Job	En met mama?
Sam	Beter. Ze heeft een nieuwe vriend.
papa Job	O. Wat leuk voor haar.
Sam	Nee! Ik vind hem eng.
papa Job	Eng?

Ineens wordt er op de deur geklopt. Sam herkent het klopje.

| Sam | Daar zul je Pietje Precies hebben. Let op! |

Sam kijkt met haar brutaalste gezicht in de camera. Er wordt weer geklopt.

| Sam | Kom maar binnen, met je knecht! |

De deur gaat open. Bert-Jan kijkt met een oenig hoofd de kamer in. Hij heeft een knap gezicht, maar met zijn donkerblauwe trui en kraakheldere polo ziet hij er wel erg netjes uit.

| Bert-Jan | Goedemiddag, Samantha. Is je moeder niet aanwezig? |
| Sam | Ze is Jessica ophalen bij een vriendinnetje. |

Bert-Jan	Prima, dan schenk ik vast een borrel in. Stop jij met je bezigheden op de computer?
Sam	Misschien.
Bert-Jan	Pardon?
Sam	Ik kom zo.
Bert-Jan	Vijf minuten, geen seconde langer, Samantha!

Heel voorzichtig doet Bert-Jan de kamerdeur dicht. Sam kijkt veelbetekenend in de camera.

Sam	En, heb ik te veel gezegd?

Papa Job zegt niks. Hij kijkt naar Sam en schudt zijn hoofd.

papa Job	Niet zo brutaal.
Sam	Zo doe ik toch ook tegen jou!
papa Job	Maar ik ben je vader. En trouwens, ik vind het ook niet leuk als je zo tegen mij doet!
Sam	Bert-Jan houdt niet van computers. Hij vindt dat kinderen buiten moeten spelen.
papa Job	Wat is er mis met buiten spelen?
Sam	Hé, jij bent mijn vader, je moet het voor mij opnemen.
papa Job	Ik heb vroeger ook altijd buiten gespeeld.
Sam	Vroeger ja, maar dat was vroeger. En nu is nu.
papa Job	Goed goed, maar volgens mij is die Bert-Jan verder best oké. Hij ziet er wel aardig uit.
Sam	Aardig?!
papa Job	Nou ja, hij praat misschien een beetje raar, maar ...
Sam	Hij ís raar! Vréselijk raar!

Regels

Sam   mama Els

Het is avond. We hebben net gegeten. Mijn zusje Jessica is al naar boven. Ze doet haar pyjama aan. Bert-Jan doet de afwas. Ik zit aan tafel. Mijn moeder Els overhoort mijn topografie. Ik heb morgen een toets over heel Nederland. Ik doe net of ik het goed geleerd heb.

mama Els   Zwolle.
Sam   Ehm ... Gelderland?
mama Els   Sam ...

Bert-Jan kijkt even over zijn schouder. Mama Els wisselt een blik met hem. Sam ziet het wel.

Sam   Drenthe?
mama Els   Overijssel.
Sam   O ja, dat wist ik.

Bert-Jan gaat stug door met afwassen. Hij zegt niks. Maar Sam kan aan zijn rug zien dat hij alles hoort.

mama Els De hoofdstad van Zuid-Holland?
Sam   Den Haag! Of nee, Rotterdam?
mama Els Nou?

Sam weet het niet.

mama Els Den Haag natuurlijk.

Mama wijst naar een plaats helemaal rechts onder in Nederland. Sam denkt na.

Sam   De provincie is Limburg. Dat weet ik zeker.
mama Els Héél goed.
Sam   Maar die plaats dat is ... Den Bosch?

Mama Els schudt haar hoofd. Ze schuift de atlas met de kaart van Nederland naar Sam.

mama Els Maastricht. Ga het nog maar even echt goed
          leren, want je kent er nog hélemaal niks van.
Sam   Maar ik heb het écht goed geleerd.
mama Els Volgens mij heb je het nog helemaal niet
          geleerd. Misschien te lang achter de computer
          gezeten?
Sam   Hoezo te lang?
mama Els Sam ...

Sam	Je vond het altijd goed als ik achter de computer zat. Maar sinds hij er is ...
mama Els	Hij heet Bert-Jan. En ik wil niet dat je zo over hem praat. Ga maar gauw naar boven. Leren. Kom op.

Sam zucht. Ze grist haar topografie van tafel en loopt naar de deur. Daar werpt ze een woedende blik op Bert-Jan, die braaf het aanrecht schoonmaakt met een vaatdoekje. Hij zegt niks. Maar Sam weet best dat hij haar moeder zit op te stoken.

Afluisteren

Sam

mama
Els

Bert-Jan

Ik kan niet slapen. Ik heb nog lang geleerd aan mijn topo.
Nu ken ik het ontzettend goed, maar ik ben over mijn slaap
heen. Ik kan écht niet meer slapen. Na lang in bed gewoeld te
hebben, waag ik het erop. Ik ga eruit. Misschien wil mama
wel een kopje warme melk maken. Op mijn tenen trippel ik de
trap af. Dan hoor ik stemmen. Een beetje boze stemmen. Het
zijn mama Els en Bert-Jan. Je bent nu of mama Els of Bert-
Jan. En als je mama Els bent, lees je ook mijn tekst.

Bert-Jan	Nee Els, je moet gewoon strenger zijn. En strikter. Hou je bij je s.p.
mama Els	S.p.? Wat is dat nou weer?
Bert-Jan	Stand Punt. S.p.
mama Els	O. Het is trouwens niet mijn standpunt, het is jóúw standpunt, Bert-Jan.
Bert-Jan	Elk weldenkend mens snapt dat het niet goed is voor een kind om de hele dag achter de computer te zitten.

Sam, op de trap, kijkt verontwaardigd. Dat is helemaal niet waar!

mama Els	Ze zit toch niet de hele dag achter de computer?
Bert-Jan	Bijna wel. Toen ik vanmiddag hier kwam, zat ze achter dat ding.
mama Els	Als ze uit school is, mag ze toch wel even?
Bert-Jan	Even? Ik wilde dat ze stopte, maar ze ging gewoon door. Ze zat in totaal wel drie uur achter dat scherm, denk ik.
mama Els	Dat vind ik ook niet goed, natuurlijk.
Bert-Jan	Regels, Els. Regels, regels, regels.

Sams haren gaan overeind staan. Regels?! Wat denkt die Bert-Jan wel. Hij is haar vader niet eens! Mama maakte er nooit een probleem van. En al helemaal niet toen papa en zij gingen scheiden. Toen vond ze het wel rustig als Sam achter de computer zat, en nu ...

Bert-Jan   Een halfuurtje per dag.

Een halfuurtje? Sam schiet overeind. Dit gaat te ver. Ze stormt naar de deur en wil hem opendoen ...

mama Els	Van altijd naar een halfuurtje ...?
Bert-Jan	Een uur dan. En bij overtreding van de regels ...

25

Ja, wat dan? Sam knalt bijna uit elkaar. Woest opent ze de deur. Met kloppend hart staat Sam in de deuropening. Mama kijkt haar lief aan.

mama Els Hé lieverd, kun je niet slapen?

Sam kijkt woest. Nee, natuurlijk niet! Hoe kan ze nou slapen als er zulke dingen over haar besloten worden.
Bert-Jan klopt op de bank.

Bert-Jan   Kom Sam, ga hier maar even zitten.

Bert-Jan kijkt naar mama.

mama Els   Vanaf morgen zijn er regels voor de computer.
Bert-Jan   Eén uur per dag.
Sam   Eén uurtje maar?
Bert-Jan   Dat lijkt ons heel redelijk.
mama Els   Echt Sam, dat is veel beter voor je.
Bert-Jan   En als je je niet aan de afspraken houdt, zullen er helaas maatregelen volgen.
mama Els   Maatregelen?
Bert-Jan   Straf.
Sam   Straf? Doe niet zo ouderwets.
Bert-Jan   Niet zo brutaal, Sam.
Sam   Pfff.
Bert-Jan   Langer dan een uur achter de computer, betekent dat er de volgende dag niet achter dat ding gezeten wordt.

Nou zeg! Er schiet van alles door Sams hoofd. Dat Bert-Jan stom is. Dat de computer belangrijk voor haar is. En dat ze niet weet wat ze anders moet doen. Het is allemaal zo gemeen!

Met de poppen?

Sam

Jessica

*H*et is de volgende dag. Woensdagmiddag. Normaal
een heerlijke dag om de hele middag van alles op de
computer te doen: chatten, aan mijn site bouwen, spelletjes
doen, gekke filmpjes op internet bekijken. Maar vandaag ...
Ik was een uur bezig op de computer en toen moest ik stoppen.
Meteen. Nou dat deed ik niet, want ik wilde nog iets afmaken.
En toen heeft mama mijn computer uitgezet. Ik moest buiten
gaan spelen. Echt stom. Ik ben geen klein meisje meer, zoals
mijn zusje Jessica met haar domme poppenwagen. Ik zit op
een hekje voor het huis. Jessica rijdt heen en weer als een echte
moeder.

Jessica	Wat is er Sam?
Sam	Niks.
Jessica	Waarom ben je boos?
Sam	Ik ben niet boos. Ik ben woest. Woedend, razend! Die stomme Bert-Jan.
Jessica	Maar máma heeft toch de computer uitgezet?

Sam	Alleen maar omdat ze verliefd is op die stomme Bert-Jan.
Jessica	Ik vind Bert-Jan ook lief.
Sam	Hij is helemaal niet lief. Papa is veel liever.
Jessica	Ja, dat vind ik ook. Maar Bert-Jan doet altijd mens-erger-je-niet met mij.
Sam	Pfff ... Mens-erger-je-niet is voor baby's!
Jessica	Niet.
Sam	Wel.

Jessica buigt zich over de poppenwagen.

Jessica	Sssst. Je maakt de baby aan het huilen. Stil maar, lief kindje.

Jessica duwt de wagen tot vlak bij Samantha. Ze haalt de pop uit de wagen. En wiegt haar in haar armen.

Jessica	Wil je bij tante Samantha?

Jessica wil de pop aan Sam geven, maar Sam neemt de pop niet aan. Ze valt op de grond. Met haar bruine haren in het gras. Jessica kijkt Sam boos aan.

Jessica	Doe normaal.
Sam	Doe zelf normaal.
Jessica	Doe ik. Jij doet raar.

Sam weet dat Jessica gelijk heeft.

Maar ze kan er niet mee stoppen. Ze moet doorgaan met flauw doen.

Sam   Ah, wat zielig, ga huilen, joh.
Jessica   Sam! Hou op!

Sam springt van het hekje. Ze wil Jessica een schop geven. Maar Jessica is al hard de tuin in gerend. Ze staat op veilige afstand te gillen.

Jessica   Stop. Hou op. Hou op!

De deur zwaait open. Mama komt naar buiten. Die heeft Jessica natuurlijk horen schreeuwen. Ze kijkt boos naar Sam. Sam haalt haar schouders op. Zuchtend loopt ze weg. Iedereen is tegen haar.

Balletje hoog

Sam

Ilias

Ik voel me niet zo fijn. Iedereen is tegen mij. Zo lijkt het.
Boos loop ik door de straat. Ik zie daar een jongen die in
zijn eentje aan het voetballen is. Nieuwsgierig loop ik op hem
af.

| Sam | Hoi. |
| Ilias | Hoi. |

De jongen kan goed voetballen. Sam kijkt met
bewondering naar hoe mooi en hoe vaak hij de bal
hooghoudt.

Ilias	Is er iets?
Sam	Nee. Knap.
Ilias	Dank je.

De jongen knipoogt naar Sam.

Sam	Nee, niet jij.
Ilias	Waarom vind je mij niet knap?
Sam	Ik bedoel hoe je de bal hooghoudt.
Ilias	O dat? Dat is niks knap, dat is supermakkelijk.
Sam	Echt niet.
Ilias	Echt wel. Voor mij makkelijk - kakkelijk. Kijk. Een, twee, drie, vier ...
Sam	Vijf, zes, zeven, acht, negen, tien ...

Met gemak houdt Ilias de bal wel tien keer omhoog. Dan houdt hij hem stil onder zijn voet.

Sam	Mag ik ook eens?
Ilias	Nee.
Sam	Waarom niet?
Ilias	Omdat je een meisje bent.
Sam	Dus?
Ilias	Meisjes kunnen niet voetballen.
Sam	Pardon?
Ilias	De meisjes die ik ken, voetballen niet.
Sam	O nee?
Ilias	Ze spelen met poppen, of ze koken. Maar ze voetballen in elk geval niet.
Sam	Wie zegt dat ik ben zoals die meisjes?
Ilias	Waarom niet?
Sam	Daarom niet.

Woest loopt Sam op Ilias af. Ze schiet de bal onder zijn
voet vandaan. Het ding vliegt door de lucht. Over een
muurtje. Zo in de tuin van buurman Schmitt.

Sam   Oeps, sorry.
Ilias   Kan gebeuren.

Grijnzend loopt Ilias de tuin in. Tiktik. Er wordt tegen het
raam getikt. Buurman Schmitt staat voor het raam. Hij
wuift met z'n hand. Wegwezen, betekent dat.
Ilias pakt de bal uit de struiken. Hij knipoogt naar de
buurman. Op zijn dooie gemak sloft hij de tuin uit.

Ilias   Ik geef toe, je hebt een hard schot.
Sam   Maar?
Ilias   Er valt nog wel wat te leren, toch?
Sam   Als jij het zegt.
Ilias   Ik moet naar huis. Morgen leer ik je wat
             trucjes, oké?
Sam   Oké.
Ilias   Afgesproken, vet ... Hoe heet je eigenlijk?
Sam   Sam. En jij?
Ilias   Ilias.
Sam   Tot morgen, Ilias.
Ilias   Tot morgen, Sammie.

Sam grijnst. Heeft ze zomaar een afspraakje met een best
wel leuke jongen.

Flauw

Sam

mama Els

Ik lig in bed. Mama zit op de rand van mijn bed. Ze wil
even met me praten. Maar daar heb ik dus echt geen zin in.

mama Els	Ik snap dat je het lastig vindt. Dat Bert-Jan hier vaker is en zo.
Sam	Kan me niks schelen.
mama Els	En dat je papa mist.
Sam	Ik heb gisteren nog met papa gepraat op de computer.
mama Els	Echt?
Sam	Hij is nu in Costa Rica. Hij is heel bruin. En hij heeft vrienden gemaakt.

Mama Els aait Sam over haar hoofd.

mama Els	Dat is goed om te horen. Weet je, ik ben een tijdje erg met mezelf bezig geweest. Omdat ik heel verdrietig was.

Sam	Weet ik.
mama Els	Ik vind het ook jammer dat papa en ik uit elkaar zijn. Heel jammer zelfs.

Sam knikt. Papa Job is de liefste papa van de wereld. En nou is hij heel lang op reis ... omdat hij het ook erg vindt van de scheiding.

Sam	Papa is lief. Liever dan Bert-Jan.
mama Els	Voor jou zeker. Maar lief is niet altijd genoeg.
Sam	Vind ik wel.
mama Els	Luister. Door die scheiding heb ik niet altijd goed opgelet. En jou en Jessica te weinig aandacht gegeven.
Sam	Dat geeft niet.
mama Els	Jawel. Weet je Sam, nu met Bert-Jan voel ik me beter. Bert-Jan is ook lief.

Sam zegt niks.

mama Els	Ik weet dat je aan hem moet wennen.
Sam	Hij moet zich niet met mij bemoeien. Hij bepaalt niet wat mag en wat niet.
mama Els	Hij is Bert-Jan. En Bert-Jan is mijn vriend.
Sam	Dat weet ik nou wel.
mama Els	Ik vind het ook niet goed als je uren achter elkaar op de computer zit.
Sam	Eerst vond je het wel goed.
mama Els	Toen vond ik het ook niet goed ...

Sam	Je zei er nooit wat van.
mama Els	Nee, dat klopt. Maar dat was niet goed van mij. Luister ... ik wil dat je je aan onze afspraak houdt. Eén uur per dag achter de computer. Dat is het.
Sam	Oké. Als jij dat zo graag wilt. Dan ga ik morgen wel helemaal niet achter de computer.
mama Els	Dat lukt je nooit.
Sam	Echt wel!

Wegwezen!

Sam

buurman S.

Het is de volgende dag. Meteen na school ben ik naar huis gefietst. Natuurlijk weer met Jort achter me aan. Nu wacht ik op Ilias. Ik heb nog niet achter de computer gezeten. Ik schiet een kleine bal van mijn zusje tegen het muurtje van buurman Schmitt. Ik zal Ilias eens laten zien dat meisjes heus wel kunnen voetballen. Daarom schop ik zo lang als ik kan tegen de muur. Tenminste ... zo lang buurman Schmitt het goed vindt. De buurman woont al lang in Nederland, maar dat is niet te horen. Hij spreekt met een Duits accent. Denk daaraan als jouw rol die van buurman Schmitt is.

Sam	Acht-en-twintig, negen-en-twintig, der-tig ...
buurman	Hallo, Samantha!
Sam	Een-en-der... Dag, buurman Schmitt.
buurman	Wat doe je daar?
Sam	Ik voetbal.
buurman	Dat zie ik, ja. Maar waarom tegen mijn muur?

Sam	Ehm … omdat wij geen muurtje hebben. Wij hebben een heg. En bij een heg stuitert de bal niet terug.
buurman	Ja, ja.
	Ja.
	Nee!
Sam	Nee?
buurman	Nee, ik wil niet dat je tegen mijn muurtje voetbalt. Dat vind ik niet fijn.

Sam kijkt buurman Schmitt aan. Wat is zijn probleem? Waarom mag ze hier niet voetballen? Wie heeft daar nou last van? Het is alsof de buurman haar gedachten kan raden.

buurman	Dat ballen stoort me zeer.
Sam	Maar ik mag toch wel op straat spelen? De straat is toch van iedereen?
buurman	De straat wel, maar mijn muurtje niet. Dat is van mij. Ga daar maar spelen, bij die garages.
Sam	Nou ...
buurman	Kom, hup. Ook niet hier blijven. Anders gaat mijn auto kapot.
Sam	Lekker belangrijk.
buurman	Niet zo onbeleefd, Samantha.

Sam vindt de buurman suf. Hij kan de pot op met zijn muurtje. Brutaal schopt Samantha de bal langs de buurman. Tegen het muurtje. En nog een keer. Maar buurman Schmitt is snel. Hij pakt de bal. En klemt hem onder zijn arm. De buurman kijkt Sam streng aan.

buurman	Samantha, moet ik met jouw moeder gaan spreken?
Sam	Nee, hoor.
buurman	Kom op dan, wegwezen.
Sam	Eerst mijn bal terug.

Met een grote boog gooit de buurman de bal weg. Hij vliegt over Sam heen. Vlug holt ze erachteraan.

Verboden voor kinderen

Sam

Pia Putje

Ik voetbal nu op het pleintje bij de garages. Niet ver van mijn huis. Ik schop de bal tegen de garagedeuren. Dat maakt een leuk geluid. Vind ik. Maar Pia Putje denkt daar heel anders over. Zij woont vlak bij de garages. Je bent of mij, of Pia Putje. Als je Pia bent, praat je met een hoog stemmetje.

Pia Putje   Meisje, meisje!

Sam hoort het niet. Ze schopt de bal. Hij knalt tegen de garagedeur. Dat maakt zo'n lekker geluid.

Pia Putje   MEISJE!

Sam kijkt om.

Pia Putje   Meisje, wil je daarmee ophouden?
Sam   Waarmee?
Pia Putje   Met dat dat eh … schoppen tegen die bal …

Sam snapt er niks van.

Sam	Waarom?
Pia Putje	Omdat ik het vraag.
Sam	Maar ik mag toch wel voetballen?
Pia Putje	Jawel. Maar niet hier.
Sam	Waarom niet?
Pia Putje	De garagedeuren gaan stuk.

Sam kijkt verbaasd naar de metalen garagedeuren. Hoe kunnen die nou stuk gaan van zo'n klein plastic balletje?

Pia Putje	En het maakt lawaai. Ik hou niet van lawaai. Ga maar ergens anders spelen.
Sam	Waar dan?
Pia Putje	Gewoon op straat.

Sam schudt haar hoofd.

Sam	Dat mag niet van de buurman. Hij is bang dat zijn auto kapot gaat.
Pia Putje	Weg hier. Anders bel ik de politie.

Sam voelt dat ze boos wordt. Als ze boos wordt, doet ze altijd brutaal. Daar kan ze niks aan doen. Papa snapt dat. Dat komt omdat hij zelf ook brutaal doet als hij boos wordt. Maar mama vindt het vervelend. En Bert-Jan al helemaal.

| Sam | En u denkt dat de politie komt om een voetballend meisje weg te jagen? |
| Pia Putje | Ik denk het wel. |

Pia wijst naar een oud gedeukt bord.

| Pia Putje | Het is hier verboden voor kinderen. |

Sam ziet het bord nu ook. Er staat inderdaad dat het verboden is om hier te spelen. Sam weet niet wat ze moet zeggen. Teleurgesteld sloft ze weg. Hoe kan ze nou buiten spelen als het nergens mag? En Ilias komt ook al niet opdagen ...

Chatten 2

Sam

Ilias

Ik zit achter de computer. Ik heb Ilias toevallig op Hyves gevonden. Hij was al vrienden met een jongen uit mijn klas. Nu chatten we samen over morgen. Dan wil hij namelijk echt komen voetballen.

Ilias	Hoezo mag je nergens voetballen?
Sam	Gewoon. Ze sturen me allemaal weg.
Ilias	Wat hebben die mensen in jouw straat? Zijn ze nooit kind geweest of zo?
Sam	Ik weet het niet. Ze zijn het vergeten, denk ik. En waarom kwam je trouwens niet? Twee zijn sterker dan één.
Ilias	O. Ik had een dingetje.
Sam	Een dingetje?
Ilias	Straf. Omdat ik brutaal was tegen mijn vader. Hij vindt nooit iets goed.
Sam	Dat komt me bekend voor.
Ilias	Heb jij ook een strenge vader dan?

Sam	Nee, mijn vader is een watje ... heel lief. Maar wel een beetje sloom. Ik bedoel mijn stiefvader.
Ilias	Wauw. Heb jij een stiefvader? Vet!
Sam	Helemaal niet vet. Het is de nieuwe vriend van mijn moeder. Zo lang het duurt. Ik hoop dat het snel over is.
Ilias	Yo, jij klinkt fel. Haat je hem of zo?
Sam	Zoiets. Hij speelt de baas over mij. En het is niet eens mijn vader.
Ilias	Daar zou ik ook ziek van worden.
Sam	Word ik ook.
Ilias	Vet balen met zo'n vervelende gast in je huis.
Sam	Voor mijn moeder is het wel leuk. En mijn zusje vindt het ook wel gezellig, maar ik niet.

Tring! Het wekkertje op Sams bureau gaat af.

Ilias	Wat is dat voor een herrie?
Sam	Ik moet van de computer af.
Ilias	Wie zegt dat?

Bert-Jan steekt zijn hoofd om de hoek van de kamerdeur.
Sam trekt een gekke kop naar de camera.

Sam	Hij!
Ilias	Oké. Ik zie je morgen. Op het grasveldje.
Sam	Tot morgen.
Ilias	Laters, Sammie!
Sam	Laters, Ilie!

Doelpunt!

Sam   Ilias

Ilias en ik zijn aan het voetballen op het grasveldje. Ilias heeft een grotere bal meegenomen. Het gaat goed. Mijn traptechniek wordt steeds beter. We doen wie scoort; die moet in het doel staan. Dus elke keer als je gescoord hebt, word jij de doelman. Of de doelvrouw, natuurlijk. We zijn lekker bezig. Als je leest, ben je of mij of Ilias.

Ilias   Hup Sam, kom op, schieten.

Sam kijkt naar Ilias. Hij staat te hupsen tussen de doelpalen. Die hebben ze gemaakt van hun jassen. Ze neemt een aanloop. Ze schiet de bal. Hard, maar niet hard genoeg. Ilias kan hem makkelijk stoppen.

Ilias   Heel goed, heel goed. Je moet alleen proberen
                om niet met je neus te schieten.
Sam   Ik schiet helemaal niet met mijn neus.

Ilias	Met de neus van je schoen, oen. Je moet met de zijkant schieten. Zo.
Sam	Zo?

Ilias steekt zijn duim op. Hij rolt de bal terug. Sam neemt een aanloop en met de zijkant van haar schoen raakt ze de bal. Hij vliegt door de lucht. Langs de handen van Ilias.

Sam	Doelpunt! Doelpunt!
Ilias	Ja, ja.
Sam	Nou mag ik in het doel.
Ilias	Je mag niet. Je moet. Ha ha. Nou krijg je ze. Hard!
Sam	Laat maar eens zien, mannetje!

Ilias neemt een aanloop. Hij haalt zijn been naar achteren, maar ... hij schiet niet. Sam duikt op de grond. Maar er komt geen bal aan. Als ze ligt, schiet Ilias een zacht balletje over haar heen. Hij ligt dubbel van het lachen.

Ilias	Doelpunt! Dat was een makkie. Ha ha ha.
Sam	Ha ha, leuk hoor.
Ilias	Doelpunt! Doelpunt!
Sam	Ja, nou weet ik het wel!

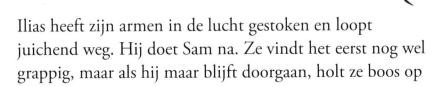

Ilias heeft zijn armen in de lucht gestoken en loopt juichend weg. Hij doet Sam na. Ze vindt het eerst nog wel grappig, maar als hij maar blijft doorgaan, holt ze boos op hem af.

Sam	Hier heb je je bal. Doei!
Ilias	Wat doe je?
Sam	Ik ga weg.
Ilias	Kom op! Je kunt toch wel tegen een geintje?

Ilias geeft Sam een klein duwtje. Sam geeft hem een duwtje terug. Ze kijkt boos. Maar als hij begint te lachen, lacht ze terug. Ze geeft hem een flinke zet. En hij haar ook. Ze rollen stoeiend over het gras. Het is grappig, totdat ...

| Sam | O, nee! |
| Ilias | Echt smerig! |

Poep!

Sam

mama Els

*I*k ben thuis in de keuken en laat mama de vieze bruine *vlek op mijn nieuwe trui zien. Mama ruikt eraan en deinst* *achteruit. Het stinkt.*

mama Els	Ja, dat kan niet missen. Dat is overduidelijk honden... je-weet-wel.
Sam	Poep!
mama Els	Nou, Sam!
Sam	Het is toch poep, of is het iets anders?
mama Els	Oké, oké ... Het is poep. Daar heb je gelijk in. Trek maar gauw uit. Dan was ik die trui wel.
Sam	Euh bah, het stinkt, het stinkt!

mama Els	Stel je niet zo aan. Gewoon uittrekken.
Sam	Maar het is echt supervies, ik kan het niet aanraken. Bah!
mama Els	Kom, ik help je wel. Armen omhoog. Goed zo!

Sam zucht opgelucht. Dat vieze ding is uit!

mama Els	Hoe kom je eigenlijk aan die poep?
Sam	Met voetballen.
mama Els	Je bent toch niet op dat drollenveld aan het voetballen?

Sam	Waar dan?
mama Els	Weet ik niet. Op straat?
Sam	Dat 'stoort' buurman Schmitt 'zeer'.
mama Els	Echt?
Sam	Hij is bang voor zijn auto. Tegen zijn muurtje mag ook niet. En bij de garages mag niet van Pia Putje. En nou mag ik van jou ook niet op het veldje.
mama Els	Het mag wel ...
Sam	Maar ... wat?
mama Els	Iets anders doen. Elastieken? Touwtje springen?
Sam	Of met de poppen?!
mama Els	Ja!
Sam	Ja dahag, ik ben geen baby.

Boos stampt Sam de kamer uit. Mama snapt er niks van.

mama Els	Sam, lieverdje. Wat ga je doen?

Mama luistert, maar het blijft stil boven. Heel stil.

mama Els	Samantha?!
Sam	Jaha!
mama Els	Wat ben je aan het doen?
Sam	Ik zit achter de computer, nou goed?
mama Els	Sam, alsjeblieft?!
Sam	Geintje!

Een drollenveld

Sam   Ilias   Jort

Terwijl ik een schone trui aantrek, is Ilias in zijn eentje aan het voetballen. Nou ja, in zijn eentje ...
Je bent of mij, of Ilias. En als je mij bent, ben je ook Jort, die slome weet je nog? Nou, kies maar.

Jort	Hoi!
Ilias	Hoi.
Jort	Wat ben je aan het doen?
Ilias	Wat denk je?
Jort	Voetballen?
Ilias	Goed zo! Jij hebt zeker een heel goed rapport, slimmerd.
Jort	Best wel. Mag ik meedoen?
Ilias	Mij best. Maar kijk uit, het ligt hier vol gevaar.

Jort kijkt geschrokken naar Ilias.

Jort	Gevaar!?

Ilias	Poep!
Jort	Waar? Waar?

Jort kijkt panisch om zich heen. Ilias wijst naar de grond.

Ilias	Daar, ouwe.
Jort	Gras? Of, o, je bedoelt hondenpoep?
Ilias	Sam zat helemaal onder ...
Jort	Sam?
Ilias	Ja, Sam.
Sam	Ik, ja?!
Ilias	Wat was dat smerig ... ga weg, je stinkt er nog naar.
Sam	Helemaal niet. Ik heb een schone trui aangedaan.
Ilias	Vette trui.
Sam	Dank je.

Jort heeft genoeg van al dat geslijm. Hij schiet de bal voor zich uit. Sam probeert hem af te pakken. Maar Ilias is haar te snel af. Vlug tikt hij de bal voor Jorts voeten vandaan. Vrolijk pingelt Ilias over het veld. Jort wil indruk maken op Sam. Hij probeert de bal af te pakken! Onhandig zet hij zijn been voor Ilias.
Ilias struikelt, verliest zijn evenwicht en valt in het gras. Hij komt snel overeind, maar het is al te laat. Er zit poep op zijn broek en aan zijn handen. Bah!

Ilias	Ik kap ermee.
Sam	Ik ook. Het is echt te vies.
Ilias	Doei.
Sam	Doei. Tot morgen.

Ilias fietst keihard weg. Sam en Jort blijven achter. Sam gaat op haar hurken zitten. Ze bekijkt het grasveld van dichtbij. Het is te erg voor woorden.

| Sam | Dit is één groot drollenveld. Dit kan gewoon niet. |

Wie-o-wie?

Sam

Jessica

Boris

Ik lig in de bosjes te wachten. Ik wil weten wie het is die zijn hond laat poepen op ons grasveldje. Ik heb wel zo'n donkerbruin vermoeden. Maar ik wil zeker van mijn zaak zijn. Desnoods lig ik hier de hele dag. Ik heb een fototoestel, een zak drop en een flesje water bij me. En ik heb alle tijd. Je bent of mij of Jessica. Als je mij bent, ben je ook Boris de hond.

Jessica	Sam? Sam ...
Sam	Ssst.
Jessica	Wat doe je daar?
Sam	Ssst. Praat nou zachtjes.
Jessica	Oké. Maar ... wat doe je daar?
Sam	Ik wacht.
Jessica	Op je vriendje?
Sam	Ik heb niet eens een vriendje.
Jessica	Wel. Die ene jongen waar je mee voetbalt toch? Iljas.
Sam	I-li-as.

Jessica	O ja.
Sam	Dat is mijn vriendje niet. En ik wacht ook niet op hem.
Jessica	Op wie dan?
Sam	Ik wil weten wie hier zijn hond laat poepen.
Jessica	Dat weet ik wel.
Sam	Echt?
Jessica	Dat doen een heleboel mensen.
Sam	Honden. De mensen laten de honden poepen.
Jessica	Ja. Mevrouw Putje, van de garages.

Sam trekt haar wenkbrauwen op.

Sam	Je bedoelt Pia Putje.
Jessica	Of eigenlijk haar poedeltje.

Jessica lacht. Sam ook. Stel je voor dat mevrouw Putje hier zelf een drolletje kwam draaien.

Jessica	En die meneer met die herdershond.
Sam	Boris ...
Boris	Wraaaf. Wroef!
Jessica	Daar is-ie.
Sam	Ga maar gauw, straks zien ze ons nog.

Jessica sluipt weg. Ze pakt haar poppenwagen. Voorzichtig loopt ze langs Boris en zijn baasje. Jessica groet vriendelijk. Maar het rare baasje zegt niks. Hij maakt de riem van Boris los. Woest blaffend stormt het beest weg. Bij de struiken blijft de hond staan.

Boris	Wraf, wroef!

Een raar baasje

Sam | raar baasje | Boris

Ik sta op scherp in de bosjes. Ik houd me doodstil. Die rothond heeft me in de gaten. Straks ziet zijn rare baasje me nog ...

baasje	Af Boris, af. Stouterd! Rothond. Hier komen. Nu!
baasje	
Boris	Grrrrr ...
baasje	Wat is er?

Sam maakt zich klein in de bosjes. Maar ze hoeft zich geen zorgen te maken. De man ziet haar helemaal niet. Hij is veel te druk bezig met Boris. Hij trekt het beest aan zijn halsband weg. Weg van de bosjes.

baasje	Hup, schiet op.
Boris	Wrrrrwaaf!
baasje	Schiet op jij. Ik heb geen uren de tijd.

Sam komt overeind. Ze heeft haar camera in de aanslag. Ze ziet Boris verderop hurken op het grasveld. Hij kromt zijn rug. Sam kijkt door de zoeker. Ze heeft de poepende hond duidelijk in beeld. Klik. Klik. Klik. Raar baasje hoort het geluid van de camera. Hij kijkt om.

baasje	Hé, wat moet dat!?
Sam	Dat kan ik beter aan u vragen.
baasje	Nog een grote waffel ook!
Sam	Dit is een speelveldje.
baasje	Ja, dus?
Sam	Het is dus geen honden-wc ...
baasje	Hahaha, grappig!
Sam	Wij willen hier graag voetballen.
baasje	Nou, dat kan toch?
Sam	Zonder dat we iedere keer vies worden. Van die hondenpoep.
baasje	Nou, dan voetbal je er toch lekker omheen.
Sam	Pardon?
baasje	Je kunt toch om die drollen heen voetballen. Je bent toch niet blind?

Sam is kwaad. Zo kwaad dat ze niet weet wat ze moet zeggen. Zoiets doms heeft ze nog nooit gehoord. Wat een nare man. Lachend om zichzelf loopt raar baasje verder. Hij fluit naar Boris. Die is net klaar met poepen.
Sam roept hem na.

Sam	U bent zeker nooit kind geweest!

| baasje | Nee! |
| Sam | Ik merk het! |

Raar baasje loopt van het veldje. Klik. Klik. Snel maakt Sam nog een paar foto's. Ze wacht tot Boris en zijn rare baasje weg zijn. Dan loopt ze het veldje op. Daar ligt-ie. De dampende drol van Boris.

| Sam | Hebbes! |

Sam richt haar camera. Klik. Klik. Dan holt ze gauw naar huis.

www.wegmethondenpoep.nl

Sam

Jessica

Ik zit achter de computer. Ik heb alle foto's erop gezet. Ik wil ze op mijn nieuwe website zetten. Die heet wegmethondenpoep.nl. Dan wordt er op de deur geklopt.

Sam	Neehee!
Jessica	Wat zeg je?
Sam	Nee, ik stop niet. Ik mag nog een halfuur.

De deur gaat open. Jessica kijkt om het hoekje van de deur.

Jessica   Van mij hoef je niet te stoppen.
Sam   Dat zou ik ook echt niet doen. Ik dacht dat je
            mama was. Of Bert-Jan.
Jessica   Ik ben Jessica.
Sam   Dat weet ik ook wel.
Jessica   Wat ben je aan het doen?

Beneden aan de trap wordt er geroepen dat het eten klaar
is. Op hetzelfde moment klinkt het wekkertje.

Jessica   Nou mag je niet meer.
Sam   Kijk snel nog even naar deze foto.
Jessica   Euh, wat smerig ...
Sam   Supersmerig.
Jessica   Van wie is die, van die grote herdershond ... ?
Sam   Van die vieze Boris, ja. Zijn baasje wil dat we
            om de drollen heen voetballen.
Jessica   Echt?
Sam   Die vent is gek.

De gemeente

Sam

Jessica

Bert-Jan

J essica en ik hollen de trap af om te gaan eten. Bert-Jan staat
bij het fornuis. Hij heeft de tafel al gedekt. Jessica en ik zijn
verbaasd. Omdat mama er niet is. Je bent nu mij of Bert-Jan,
maar dan ben je ook Jessica.

Jessica	Waar is mama?
Sam	Ja, waar is mama?
Bert-Jan	Dag Jessica, dag Samantha.

De meisjes knikken goedendag.

Bert-Jan	Mama is vanavond verhinderd. Ze heeft een afspraak met oude vriendinnen. Had ze dat niet gezegd?
Sam	Misschien wel, maar ik was het vergeten.
Jessica	Ze heeft niks gezegd.
Sam	Of wij hebben het niet gehoord.

Bert-Jan	Hoe dan ook, jullie moeten het vanavond met mij doen. En daarom heb ik taco's gemaakt.
Sam	Yes!
Jessica	Heb je ook zure room?
Sam	En die prut van avocado?
Bert-Jan	Kijk eens hier, wat een heerlijke prut! Speciaal voor jou.
Sam	Lekker.

Sam en Jessica kijken elkaar vrolijk aan. Taco's, daar houden ze van.
Die Bert-Jan heeft ook echt zijn best gedaan. Er is sla, tomaat, chips, bonen en natuurlijk prut van avocado. Ze zitten met zijn drietjes heerlijk te smullen.

Sam	Heerlijk.
Bert-Jan	Niet met volle mond praten. Waren jullie spelletjes op de computer aan het doen?

Sam schudt haar hoofd. Ze heeft haar mond nog vol.

Bert-Jan	Wat waren jullie dan aan het doen?
Jessica	Hondenpoep.

Bert-Jan verslikt zich bijna in zijn taco.

Bert-Jan	Hondenpoep?
Sam	Op het veldje. Daar op de hoek, weet je wel?
Bert-Jan	Maar dat is toch een speelveldje?

Sam	Voor sommige mensen is het een honden-wc.
Bert-Jan	Belachelijk. Schandalig.
Sam	En heel erg vies.
Bert-Jan	Maar het mag helemaal niet. Het is gewoon verboden.
Sam	Echt? Hoe weet je dat?
Bert-Jan	Ik werk toch bij de gemeente?
Sam	En van de gemeente mag het niet?

Bert-Jan knikt. Hij neemt een grote hap van zijn taco. Sam denkt na. Dat is interessant.

Verboden

Sam

Bert-Jan

Ik zit samen met Bert-Jan achter de computer. Ja, echt!
Wie had dat ooit gedacht. Hij weet niet dat mijn
computeruurtje al voorbij is. Bert-Jan zoekt op internet. Naar
de woorden 'gemeente' en 'honden'. Zo komen we op een site
over hondenpoep. Wat er allemaal mag. En wat er allemaal
moet. Bert-Jan wijst op een tekst.

Bert-Jan	'Hondenpoep is voor veel mensen een bron van ergernis.'
Sam	Vind ik ook.
Bert-Jan	Kijk, hier staat het, lees maar.
Sam	'Laat uw hond niet uit bij speelplekken voor kinderen. Niet bij zandbakken of speelweides. En ook niet bij plekken met een verboden-voor-honden-bord. Doet uw hond zijn behoefte op de openbare weg, dan moet u de poep opruimen.'

Sam knikt. Ze klikt op haar foto's. Ze laat die van Boris en zijn rare baasje zien. En van de dikke drol. Bert-Jan kijkt vies.

Sam	En daar moeten wij dan gewoon omheen voetballen.
Bert-Jan	Wie zegt dat?
Sam	Die vent.
Bert-Jan	Welke vent?
Sam	Die vent op de foto.
Bert-Jan	Het mag gewoon niet.
Sam	Laten we de politie bellen.
Bert-Jan	Die komen jammer genoeg niet voor zulke dingen.
Sam	Het is toch smerig?
Bert-Jan	Zeker. Maar meneer agent rukt niet uit voor poep. Die heeft belangrijkere dingen te doen.

Sam knikt. Ze moet iets anders verzinnen.

Grote bah

raar baasje

Sam

Ilias

Boris

Samen met Ilias heb ik een bordje gemaakt. 'Verboden voor honden' staat erop. We maken het bordje nu vast. Aan een boom op het veldje. Opeens staat Boris hijgend voor onze neus. Als je mij leest, ben je ook Boris. En als je Ilias leest, ben je ook Boris' rare baasje.

Boris	Waf waf wraaaaaf!
baasje	Af Boris. Af! En zit.

Het rare baasje leest de tekst op het bord.

baasje	'Verboden voor honden'. Waar slaat dat op?
Sam	Gewoon.

De man lacht. Maar niet op een leuke manier. Hij maakt
de riem van Boris los. De hond holt het veldje op. Midden
op het gras hurkt hij neer.

Sam	Meneer? Dat is verboden.
baasje	Sorry?
Sam	Uw hond mag hier niet poepen.
Ilias	Kijk maar. Er hangt een bordje.
Sam	Verboden voor honden.
baasje	We kunnen allemaal wel zo'n ding ophangen. Ik ga er zo ook effe eentje maken. 'Verboden voor kinderen' schrijf ik er dan op. Kom Boris. Kom maar, jongen.
Boris	Wraf?
baasje	Heb je grote bah gedaan? Heb je grote bah gedaan? Goed zo ... grote vent.
Sam	Het is verboden om die grote bah te laten liggen.
baasje	Pardon?

Sam haalt een papier uit haar zak.
Daar staan de regels van Wilsum op. Die heeft ze van internet gehaald.

Ilias	U moet de grote bah opruimen.
Sam	Het moet van de gemeente. Kijk maar, hier staat het.
baasje	O ja? Ik betaal anders genoeg hondenbelasting.
Sam	'Laat uw hond niet uit bij speelplekken voor kinderen. Niet bij zandbakken. En niet bij speelweides. Doet uw hond ... '
baasje	Ho maar. Ik luister toch niet. Laat de gemeente het lekker doen. Daar zijn ze toch voor?
Sam	U bent verplicht het op te ruimen.
baasje	Laat maar, meissie. Ik kijk wel linker uit mijn rechteroog. Kom, Boris. Kom maar, jongen.

Sam wordt rood van boosheid. Ze snapt er niks van.
Waarom doet die man zo onaardig?

Ilias	U kunt zeker niet voetballen?

Raar baasje zegt niks. Hij steekt alleen maar lachend zijn hand op.

Ilias	Naar mannetje!
Sam	Met je grote bah!

Weg

Sam   Jort

A ls ik de volgende ochtend naar school fiets, zie ik iets stoms. Ons bord is weg, het bord dat ik met Ilias heb gemaakt. Iemand heeft het weggehaald. En natuurlijk zit er op het veldje een hond een drol te draaien. En nog een hond. En nog één. Hun baasjes kijken allemaal de andere kant op. Alsof het dan niet gebeurt of zo. Lekker hoor! Dat wordt vanmiddag weer niet voetballen. Ik wil er wat van zeggen, maar dan staat Jort opeens naast me.

Jort	Hé Sam, alles goed?
Sam	Nee. Het bord is weg.
Jort	Welk bord?
Sam	Een verboden-voor-honden-bord.
Jort	Is het hier verboden voor honden dan? Het staat hier elke ochtend vol met van die poepende beesten.

Jort wijst naar een huis vlak bij het grasveldje. Daar woont hij, dat weet Sam wel.

Jort	Elke ochtend als ik mijn gordijnen opendoe, zie ik wel een hond. Of drie. 's Avonds laat trouwens ook.
Sam	En wie zijn dat dan?
Jort	De meesten ken ik niet.
Sam	Maar dit is toch een speelveldje? Dat is toch om te spelen? Niet om op te poepen. Waarom doen mensen dat toch?
Jort	Mensen?
Sam	Haha, waarom laten mensen hun honden op een speelveldje poepen?

Jort haalt zijn schouders op.

Sam	Het mag helemaal niet. Daarom hadden wij dat verboden-voor-honden-bord gemaakt.
Jort	Dat bord dat nu weg is.
Sam	Ken je Boris, die hond?
Jort	Van die rare vent, tegen wie je laatst aanknalde bij de Buurtsuper?
Sam	Precies, die! Ik vroeg aan hem of hij Boris ergens anders wilde laten poepen. Maar dat wilde hij niet. Hij zei dat we maar om de drollen heen moesten voetballen.
Jort	Hoe kun je dat nou doen?
Sam	Ik weet het ook niet.
Jort	Pia Putje van de garages, weet je wel. Die laat haar hondje hier ook altijd uit. Maar die ruimt het netjes op. In een zakje.

Sam kijkt voor zich uit en denkt na.

Sam	Er moet iets gebeuren. Ik wil hier gewoon kunnen voetballen. En ik ga hier ook gewoon voetballen.
Jort	Mooi gesproken. Maar nu moeten we naar school.

Sam stapt op haar fiets. Ze glimlacht. Die slome Jort is misschien wel helemaal niet zo sloom als hij eruitziet. Hij weet precies wat er allemaal in de buurt gebeurt.

Een goed idee

Sam

Bert-Jan

A ls de school uit is, fiets ik samen met Jort naar huis. We hebben het natuurlijk over het probleem van de hondenpoep. Terwijl we zo aan het praten zijn, komen we opeens op een goed idee. Als de politie niks aan hondenpoep wil doen, moeten we naar de baas van de politie gaan. En dat is de burgemeester. Ik heb daar helemaal niet aan gedacht, maar Bert-Jan werkt natuurlijk op het gemeentehuis. Daarom zit ik nu thuis aan de telefoon. Als je Bert-Jan bent, doe je ook de telefoonstem van het gemeentehuis.

telefoon	Gemeente Wilsum, goeiemiddag.
Sam	Ehm ... goedemiddag, u spreekt met Samantha van de Vliet. Ik ben op zoek naar Bert-Jan ...
telefoon	Ehm, welke Bert-Jan?
Sam	Ehm ...
telefoon	Bert-Jan van den Brink?
Sam	Ja, ik geloof het wel.

telefoon	Een ogenblikje, alstublieft.
Bert-Jan	Burgerzaken, Van den Brink spreekt u mee.
Sam	Hoi Bert-Jan, met mij.
Bert-Jan	Samantha?
Sam	Ja, Sam.
Bert-Jan	Is er iets? Er is toch niet iets ergs gebeurd?
Sam	Nee hoor. Ik vroeg me af of je iets voor me wilt doen.
Bert-Jan	Jawel. Het hangt er natuurlijk van af wat het is.
Sam	Ik wil graag een afspraak met de burgemeester.
Bert-Jan	Met wie?
Sam	Met de burgemeester ...
Bert-Jan	Nou, ik weet niet of dat mogelijk is.
Sam	Dat is toch de baas van de gemeente?
Bert-Jan	Ehm ja, min of meer.
Sam	Het gaat over die hondenpoep. Iemand heeft ons bordje weggehaald ... Dat bordje dat ik met Ilias heb gemaakt.
Bert-Jan	Dat mooie verboden-voor-honden-bord?
Sam	Ja, dat! Het is helemaal verdwenen. Foetsie.
Bert-Jan	Dat is vervelend.
Sam	Het is veel erger dan vervelend. Vanochtend zaten er al weer drie honden te poepen. Zo vies! Wij willen gewoon dat we op dat veldje kunnen voetballen.
Bert-Jan	Ik snap het, maar ...

Sam   Alsjeblieft, Bert-Jan, please ... Er moet iets
gebeuren. Wil je alsjeblieft die afspraak voor
me maken?

Bert-Jan   Nou vooruit, ik zal kijken wat ik voor je kan
doen ...

Chatten 3

Sam

Ilias

*I lias heeft straf. Hij mag twee dagen niet buiten spelen.
Maar hij mag gelukkig wel op de computer. Kunnen we
mooi chatten.*

Sam	Wat heb je gedaan, dat je twee dagen niet buiten mag spelen?
Ilias	Ik heb een bal door het raam van de buren geschopt.
Sam	Expres?
Ilias	Nee, per ongeluk natuurlijk.
Sam	Maar dan krijg je toch straf?
Ilias	Ja, natuurlijk.
Sam	Als je iets niet expres doet, dan kun je er toch niks aan doen? Waarom krijg je dan straf?
Ilias	Ach ja ... het geeft niet. Morgen is het alweer voorbij. Vertel, wat had je bedacht?
Sam	O ja, luister. Het is echt een heel goed plan. Bert-Jan probeert een afspraak te maken.

Ilias	Een afspraak?
Sam	Ja, met de burgemeester.
Ilias	De burgemeester van Wilsum?
Sam	Ja!
Ilias	Dat lukt hem nooit.
Sam	Jawel hoor, hij werkt bij de gemeente.
Ilias	Nou en, mijn oom werkt ook bij de gemeente. Maar hij maakt écht nóóit een afspraak met de burgemeester. Hij weet niet eens wie het is.
Sam	Bert-Jan wel. Hij werkt in het gemeentehuis. Hij kent de burgemeester wel. Ik heb het héél lief gevraagd. Goed, hè?
Ilias	Ach, ik weet niet. Ik hou niet zo van mensen die bij de gemeente werken. Mijn oom is ook heel erg streng. Trouwens, ik dacht dat je die Hendrik-Jan een sukkel vond.
Sam	Bert-Jan, heet hij. En ik vind hem nog steeds een ei, maar hij heeft ook iets leuks.
Ilias	Ja hoor. Wat is er dan zo leuk aan die vent?
Sam	Hij kan heel goed taco's maken. En ...

Tring ... het wekkertje op Sams bureau gaat keihard af.

Ilias	Je mag maar één uurtje van hem achter de computer ...
Sam	Ja, dat is superstom. Maar elk nadeel heeft zijn voordeel, toch?
Ilias	Dat is een goeie! Wie zei dat ook al weer?
Sam	Johan Cruijff! Die oude voetballer, weet je wel?

Ilias knikt. Natuurlijk kent hij die.

Sam	Hoe dan ook. Als Bert-Jan die afspraak kan maken, ben ik echt blij.
Ilias	Het gaat toch niet lukken.
Sam	Echt wel!
Ilias	Ik moet gaan, mijn vader roept.
Sam	Oké, je hoort wel wanneer ik die afspraak heb.
Ilias	Bluf!

Sam lacht. Ze zwaait naar het cameraatje boven de computer. Niks bluf, het gaat gewoon lukken.

Bij de burgemeester

Sam

burgemeester

Het is gelukt. Bert-Jan is toch niet zo'n sukkel als ik dacht. Hij heeft een afspraak geregeld met de burgemeester. Burgemeesters hebben het druk. De afspraak mag dan ook maar vijf minuten duren. Maar toch, het is een afspraak. Ik ga straks alleen met de burgemeester praten. Omdat er maar zo weinig tijd is. Daarom heb ik dat wat ik wil zeggen, ook uit mijn hoofd geleerd. Ik ben best zenuwachtig. Eindelijk gaat de deur open. Een vriendelijke, ronde mevrouw staat in de deuropening. Het is de burgemeester, maar dat weet ik dan nog niet.

burgemeester	Samantha van de Vliet?
Sam	Dat ben ik ...
burgemeester	Kom maar gauw binnen dan.

Sam staat vlug op. Ze loopt achter de mevrouw aan de kamer in. De mevrouw doet de deur dicht. Dat is gek ... De kamer is verder leeg. Sam snapt er niks van. Waar is de burgemeester? De mevrouw steekt haar hand uit.

burgemeester	Goedemiddag. Ik ben mevrouw De Bruin, de burgemeester van Wilsum.
Sam	Maar ik dacht ...
burgemeester	Dat de burgemeester een meneer was?
Sam	Eigenlijk wel.
burgemeester	Nee hoor. Alles wat jongens kunnen, kunnen meisjes ook.
Sam	Behalve staand plassen.
burgemeester	Zelfs dat kunnen we, maar dan wordt het wel een kledderboel.

Sam lacht. Wat een leuke mevrouw is de burgemeester.

burgemeester	Vertel het eens, Sam. Waarom wilde je me spreken? Wat is het probleem?
Sam	We kunnen nergens voetballen. Op straat mag het niet. Dan is iedereen bang dat zijn auto stuk gaat. Op het pleintje bij de garages is het verboden. En ...
burgemeester	Waar woon je precies?
Sam	Op de Radboudlaan, nummer 27.
burgemeester	In de Godelindebuurt. Daar is toch een heerlijk grasveldje om op te spelen?
Sam	Het ligt alleen vol met hondenpoep.
burgemeester	Hè, bah.
Sam	Iedereen laat zijn hond daar uit. Het is gewoon heel vies. Mijn trui zat laatst helemaal onder de poep. Van mijn moeder mag ik daar nou niet meer voetballen.
burgemeester	Dat snap ik.
Sam	En nu wil ik vragen of u er iets aan kunt doen. U ben toch de baas van Wilsum?
burgemeester	De baas ... nou ja, ik doe mijn best.
Sam	Maar dan kunt u ons toch helpen?
burgemeester	Misschien. Heb je al gepraat met die mensen?
Sam	Zo vaak. Maar iedereen laat zijn honden daar gewoon poepen.

burgemeester	In Wilsum moet men de ontlasting opruimen. Dat is verplicht.
Sam	Ontlasting?
burgemeester	Dat is een mooi woord voor poep. De mensen moeten die hondenpoep opruimen.
Sam	Dat zeg ik steeds. Maar niemand luistert.
burgemeester	Het staat zwart-op-wit in de regels.
Sam	We hadden een verboden-voor-honden-bord gemaakt. Maar dat heeft iemand weggehaald.

De burgemeester knikt begrijpend.

burgemeester	Je mag natuurlijk ook niet zelf zo'n bord neerzetten ...
Sam	O.
burgmeester	Het is niet erg. Ik snap het heel goed dat je het hebt gedaan. Maar het mag dus niet.
Sam	Maar hondenpoep laten liggen mag ook niet.
burgemeester	Precies. Ik kan iemand laten controleren. Maar dat helpt maar eventjes.

Sam knikt met een teleurgesteld gezicht. Aan eventjes hebben ze niks. De burgemeester ziet het.

burgemeester	Jullie kunnen ook een buurtonderzoek houden.
Sam	Een buurtonderzoek?
burgemeester	Dan vraag je aan de mensen in de buurt wat ze ervan vinden. Je verzint eerst allemaal vragen. En dan maak je ...
Sam	... een vragenlijst?
burgemeester	Ja.
Sam	Maar wat vragen we dan?
burgemeester	Of mensen het belangrijk vinden dat kinderen buiten spelen.
Sam	En als ze ja zeggen ... Dan vragen we waar de kinderen dat moeten doen ...
burgemeester	Precies. Soms weten mensen niet dat ze iets doms doen. Zo'n vragenlijst laat ze nadenken.

Sam knikt. Een buurtonderzoek is best een goed idee van de burgemeester.

Peter, bedankt!

Jort

Peter

H et is woensdag. Vanmiddag zijn we lekker vrij. We
hebben alle tijd voor onze actie. Samen met Jort heb ik
vragen bedacht. We hebben een lijst gemaakt op de computer.
Bij hem thuis. Dus het gaat niet van mijn computertijd af.
Ik moet nu huiswerk maken. Jort is naar de Buurtsuper om
kopietjes te maken. Eigenlijk wil hij Peter om hulp vragen.
Maar ik weet niet of dat lukt.
Je bent nu of Jort, of Peter van de winkel.

Jort	Ehm, hallo ...
Peter	Hallo ...
Jort	Ik wilde u iets vragen ...
Peter	Ja ...
Jort	Ehm ... wij gaan actie voeren. Tegen hondenpoep op het veldje. Daar bij de Radboudlaan.
Peter	Oké.

Jort	Nu willen we alle mensen uit de buurt vragen stellen. Wat zij ervan vinden.
Peter	Goed.
Jort	En of ze ons willen steunen.
Peter	Ik wil jullie best steunen.
Jort	Dat zou fijn zijn. Mogen we hier wat kopietjes maken?

Peter kijkt naar de vragenlijst. Jort wijst naar de onderkant van de lijst.

Jort	En dan kan hier uw naam. Dat u ons sponsort.
Peter	Ah, op die fiets.
Jort	Wat bedoelt u?
Peter	O, niks. Dat zeg ik altijd als ik iets eerst niet snap. Maar ik vind het een goed plan.
Jort	Heeft Sam verzonnen.
Peter	Ja, dat kan Sam wel, dingen verzinnen.
Jort	Wilt u nou meedoen of niet?

Peter glimlacht.

Peter	Ik vind het prima. Je mag wel gratis wat kopietjes maken.
Jort	Tof.
Peter	Maar mijn naam hoeft er niet op.
Jort	Echt niet?
Peter	Je wilt niet weten hoeveel mensen hier hondenvoer kopen.
Jort	Veel, denk ik.
Peter	Heel veel. Ik wil geen ruzie met die mensen. Dan raak ik al mijn klanten kwijt.
Jort	Misschien kunt u ook poepzakjes verkopen. Dan legt u ze naast het hondenvoer.
Peter	Goed idee. Misschien doe ik dat wel. Hier, ga jij maar kopietjes maken.
Jort	Héél erg bedankt. Ook namens Sam. En iedereen van onze actiegroep.
Peter	Graag gedaan, jongen. Ik hoop dat het helpt!

Langs de deuren 1

Sam

buurman S.

Zo, die kopietjes heeft Jort mooi geregeld. Fijn dat Peter onze actie steunt. Nu kunnen we de huizen langs. Aan alle buren gaan we vragen stellen. Ik sta bij buurman Schmitt voor de deur. De Duitser, zoals Jort hem noemt. Ik ben benieuwd wat hij gaat antwoorden. Ik druk op de bel. Dingdong! Het duurt even. Dan gaat de deur open. Let op: buurman Schmitt spreekt met een Duits accent.

buurman	Goedemiddag Samantha, het spijt mij. Ik zat achter de computer. Alles goed?
Sam	Hallo. Ja, alles gaat goed. Nou ja, niet alles. Daarom wilde ik u een paar vragen stellen. Mag dat?
buurman	Maar natuurlijk.
Sam	Goed. Wat is uw naam?
buurman	Mijn naam is Schmitt.
Sam	En hoe oud bent u? Als ik vragen mag?
buurman	Ik ben zestig jaar.

Sam	Hebt u kinderen?
buurman	Ja, mijn kinderen zijn al groot.
Sam	Vindt u dat kinderen buiten moeten spelen?
buurman	Ja, zeker. Buiten spelen is voor kinderen heel, heel goed. Mijn kinderen hebben altijd buiten gespeeld. Altijd achter die computer is zéér, zéér slecht.

Sam kruist 'JA' aan op haar papier. Ze glimlacht.
Volwassenen vinden het allemaal niet goed als kinderen veel achter de computer zitten. Terwijl ze zelf ... nou ja.

Sam	Goed, ik kruis 'JA' aan.
buurman	Ja, zeer goed.
Sam	En waar vindt u dat kinderen buiten moeten spelen?
buurman	Ja, in die tuin of op die straat.
Sam	Maar voetballen ...
buurman	Niet op die straat, dat is gevaarlijk voor die auto's.
Sam	Voor de auto's?
buurman	Zeker. Die gaan kapot van die harde ballen.

Sam	Volgens mij is het nog gevaarlijker voor kinderen. Die gaan kapot van al die auto's die hard rijden.
buurman	Ja ja, natuurlijk, daar heb je gelijk in.
Sam	Goed, kinderen moeten buiten spelen. Niet op de straat, maar waar dan wel?
buurman	We hebben daar aan het eind van die straat een schitterend veldje.

Sam knikt. Daar is ze het helemaal mee eens.

Sam	Hebt u een hond?
buurman	Nee, ik heb geen hond.
Sam	Houdt u van honden?
buurman	Ja, zeer.
Sam	En vindt u dat honden overal mogen poepen?
buurman	Nou ja, niet overal natuurlijk. Dat is logisch.
Sam	En op het veldje?
buurman	Het is zeker heerlijk voor honden om daar te kunnen rennen.

Sam kijkt op het papier.

Sam   Maar u zei net dat kinderen op het veldje
                moeten voetballen.
buurman   Ja, dat is waar. Moeilijk, moeilijk. Voor die
                kinderen is het fijn om op het veldje te spelen.
Sam   Dat klopt. Maar het is niet fijn als er allemaal
                hondenpoep ligt.
buurman   Dat begrijp ik.

Buurman Schmitt denkt na. Sam blijft geduldig staan. Dan
schudt de buurman langzaam zijn hoofd.

buurman   Nee, ik vind niet dat honden daar mogen
                poepen.

Tevreden kruist Sam het hokje bij 'NEE' aan.

Langs de deuren 2

Papaja

Ilias

Pia Putje

Terwijl ik bij buurman Schmitt ben, zijn Jort en Jessica aan de andere kant van de straat bezig. Bij het veldje, in de buurt van Jorts huis. Ilias is weer een andere kant op gegaan. Hij staat nu voor de deur bij Pia Putje. Je weet wel, die mevrouw bij de garages, met dat hoge piepstemmetje. Haar poedel Papaja komt nieuwsgierig bij de deur kijken terwijl Ilias met zijn bazinnetje praat. Pia Putje is een beetje op haar hoede. Ze houdt de deur half open, alsof ze hem elk moment wil dichttrekken. Je bent of Pia of Ilias. Als je de tekst van Ilias leest, ben je ook de poedel Papaja. Let op: Pia heeft een hoge piepstem.

Ilias	Goedemiddag mevrouw, ik wilde u graag een paar vragen stellen. Mag dat?
Pia Putje	Waarom?

Ilias schrikt even van Pia's hoge stem. Hij weet even niet meer wat hij wilde vragen. Snel kijkt hij op zijn papier.

Ilias	Ehm ... Het gaat over de buurt en honden. En ik zie dat u een hond hebt?
Papaja	Kef kef ...
Pia Putje	Dat is Papaja.
Ilias	Dag, Papaja.

Ilias bukt zich om de hond te aaien, maar het beest begint te grommen. Geschrokken trekt Ilias zijn hand terug.

Ilias	Zou ik uw naam misschien ook mogen weten?
Pia Putje	Mijn naam is Pia Putje.
Ilias	En hoe oud bent u, als ik vragen mag?
Pia Putje	Dat vraag je niet aan een dame.
Ilias	O, sorry. Ehm, hebt u misschien kinderen?
Pia Putje	Nee.
Ilias	Vindt u het belangrijk dat kinderen buiten spelen?
Pia Putje	Ik weet het niet. Ik heb vroeger zelf wel veel buiten gespeeld.
Ilias	Zal ik 'JA' aankruisen?

Pia Putje knikt. Tevreden kruist Ilias 'JA' aan op zijn papier.

Ilias	En waar vindt u dat kinderen buiten moeten spelen?
Pia Putje	Niet hier bij de gagarages.
Ilias	Hebt u een hond?
Papaja	Kef kef.

Ilias lacht.

Ilias	Houdt u van honden?
Pia Putje	Papaja is mijn alles.
Ilias	Vindt u dat honden overal mogen poepen?
Pia Putje	Nee. Ik ruim het altijd netjes op.

94

Ilias	Ook op het veldje?
Pia Putje	Juist op het veldje. Daar spelen kinderen.

Ilias kijkt vrolijk naar Pia Putje. Die vrouw begrijpt hen beter dan hij had gedacht.

Ilias	Dank u wel voor uw tijd.
Pia Putje	Geen dank. Wat gaan jullie hiermee doen?
Ilias	Actie voeren!

Een rare ontdekking

Sam

Jort

Het is klaar. We zijn langs alle buren geweest met onze vragenlijst. Eén buurman gooide de deur dicht voor Ilias' neus. Gelukkig gaven de meeste mensen gewoon vriendelijk antwoord. Nu hebben we alle antwoorden bekeken. En we hebben iets ontdekt. Bijna niemand in onze straat heeft een hond! Alleen Pia Putje die bij de garages woont. Maar zij ruimt de poep van haar poedel altijd op. Op weg naar school praat ik er met Jort over.

Sam	Bert-Jan neemt de vragenlijsten vandaag mee naar zijn werk. Hij gaat ze geven.
Jort	Aan de burgemeester?
Sam	Ja, maar ik weet niet of het allemaal gaat helpen.
Jort	Het is fijn toch dat de meeste mensen vinden dat wij op het veldje mogen spelen?

Sam knikt.

Jort	Niemand vindt dat er honden op het veldje mogen poepen.
Sam	Maar het gebeurt nog steeds. Ik zag er net nog iemand zijn hond uitlaten.
Jort	Gisteravond zag ik er ook een paar. Die stomme Boris met zijn baasje.

Sam zucht. Het schiet niet op zo. Maar dan bedenkt ze zich iets. Ze kijkt Jort verbaasd aan.

Sam	Boris en zijn baasje? Die hebben we helemaal niet ondervraagd. Hoe kan dat nou?
Jort	Misschien woont hij niet in onze straat.
Sam	Dat is het! Al die andere mensen die hun honden hier uitlaten misschien ook niet.
Jort	Pia Putje wel.
Sam	Maar die ruimt het op.
Jort	Dat is waar.
Sam	Weet je, we moeten het anders aanpakken. We moeten echte actie voeren!

Echte actie!

Sam

Jessica

Die vragenlijsten waren leuk. We kennen nu alle mensen uit onze straat, maar het helpt niet. De meeste honden komen uit andere straten. Daarom willen we nu op zaterdag het veldje gaan bezetten. Zodat niemand zijn hond kan laten poepen. Harde actie dus. Maar voor actie heb je een spandoek nodig. Daarom ben ik met mijn zusje Jessica op zoek naar een oud laken.

Jessica	Dit laken is mooi!
Sam	Ja, maar dat is nog veel te mooi. Dat vindt mama nooit goed. Wat vind je van dit laken?
Jessica	Het is geel!
Sam	Dat geeft toch niet?
Jessica	Een spandoek hoort wit te zijn!
Sam	Wie zegt dat?
Jessica	Ik.

Sam lacht. Ze trekt een wit laken van onder uit de stapel.

Het is oud en wit. Dat mogen ze vast wel gebruiken van mama. Sam schrijft met potlood letters op het laken. Jessica pakt de kwasten en de verf.

Jessica	Wat zetten we erop?
Sam	Kijk ik heb de letters al in potlood geschreven.
Jessica	W ... ij ... w ... ik kan het niet lezen ...
Sam	Wacht maar even, ik zal ze met verf schilderen. Dan kun je ze wel lezen.
Jessica	Goed. Zal ik dan hier nog een tekening maken?
Sam	Dat is goed.
Jessica	Ik kan er niet bij.
Sam	Wacht even ...

Jessica grinnikt. Ze heeft een goed idee. Vlug pakt ze de bruine verf ...

Wij willen spelen!

Bert-Jan

mama Els

Het is avond. Jessica en ik liggen net in bed. We hebben ons spandoek af. Het staat klaar in de kamer. Klaar voor onze actie morgenvroeg. Als ik nog even de trap af ga om iets uit mijn tas te pakken, hoor ik mama. Ze heeft net Bert-Jan binnengelaten. Ik hoor ze samen praten. Luister ik opeens weer een gesprek af. Helemaal niet netjes. Maar nu is het per ongeluk. Echt waar!

Bert-Jan	Dus dit is het spandoek. 'Wij willen spelen!'
mama Els	Ja, goed hè?
Bert-Jan	Fantastisch. Dus de actiegroep komt nu echt in actie.

Bert-Jan bestudeert het spandoek.

Bert-Jan	Wat is dat?
mama Els	Dat heeft Jessica geschilderd.
Bert-Jan	Mooie drol.

mama Els   Let op dat kruis erdoor. Dus verboden voor
           drollen.

Sam hoort dat Bert-Jan grinnikt.

Bert-Jan   Perfect. Heel goed. En wanneer gaat de actie
            eigenlijk plaatsvinden?
mama Els   Morgen is de dag.
Bert-Jan   Morgen al?
mama Els   Ik ben zo benieuwd. Sommige mensen
            kunnen zo onaardig zijn.
Bert-Jan   Toch niet tegen zulke lieve meisjes?
mama Els   Nou, vergis je niet.
Bert-Jan   Ik heb de burgemeester trouwens woensdag
            die vragenlijsten gegeven.
mama Els   En?
Bert-Jan   Geen idee. Ik heb erop aangedrongen dat ze ze
            leest.
mama Els   Lief van je.

Sam hoort dat mama Bert-Jan een kus geeft. Bah! Snel gaat
ze de trap op. Ze kan niet wachten tot het morgen is. Tijd
voor harde actie!

Bezet

Sam · Ilias · Pia Putje

Het is nog vroeg in de morgen. Maar wij zijn allemaal al op. Ik, Jort, Ilias en Jessica. We hebben het veld afgezet met rood-wit lint. Gekregen van Peter van de Buurtsuper. Ons spandoek hangt tussen de bomen. We staan alle vier op een hoek van het veldje. Als er iemand aankomt, spreken we die aan. Ilias staat met een meneer te praten. De meneer knikt vriendelijk. Hij loopt weg met zijn hond. Ilias komt vrolijk op me af gerend. Als je Ilias leest, ben je ook Pia Putje.

Ilias	Hij begreep het, die meneer. Hij heeft vroeger ook veel gevoetbald.
Sam	En nu?
Ilias	Hij gaat ergens anders heen, en hij zal het voortaan opruimen. Hij dacht er nooit bij na dat het vervelend was voor kinderen.

Sam lacht. Mooi!
Daar komt alweer iemand met een hondje aangelopen. Sam loopt erheen.

Sam   Dag mevrouw, dit is een speelveldje. En geen
           honden-wc. Wij willen u vragen om uw hond
           ergens anders uit te laten.

De mevrouw zegt niks. Snel trekt ze haar hond weg. Sam haalt haar schouders op. Wat een raar mens.

Het wordt die dag heel gezellig op het veldje. Sommige buren nemen stoeltjes mee. Mama Els komt met limonade voor de kinderen. En een kan koffie voor de grote mensen. Bert-Jan heeft een zak gevulde koeken van de bakker. Die zijn altijd zo lekker. Ook andere buren, zoals buurman Schmitt en Pia Putje, komen erbij zitten. Pia heeft handige prikstokken bij zich. Ze geeft ze aan Sam.

Pia Putje Om het veld mee schoon te maken.
Sam   Drollenprikkers?
Pia Putje Ze zijn eigenlijk voor papier, maar je kunt ze
           hier ook voor gebruiken.
Sam   Alleen niet als het een verse drol is.
Pia Putje Ha ha. Nee, dan niet.

Sam loopt met de prikkers naar Ilias.

Sam	Kijk, kunnen we die oude drollen opprikken.
Ilias	Lekker, hoor!
Sam	Jort en Jessica! Ik heb een prikker voor jullie.
Ilias	Hier Sammie, moet je kijken wat een vieze!

Met een drol op zijn prikker holt Ilias achter Sam aan. Sam laat de prikkers vallen en ze holt gillend weg van Ilias.

Sam	Hou op! Daar komt iemand aan.

Sam wijst naar een mevrouw met een wandelwagen.
Ilias stopt met plagen. Hij loopt op de mevrouw af om te vertellen van hun actie. Even later prikken Jort, Ilias, Jessica en Sam alle oude drollen weg. Dat ruimt mooi op. En als er iemand met een hond aankomt, kunnen ze meteen laten zien hoe vies het is!

Kouwe kak

Bert-Jan

raar
baasje

burgemeester

Grappig. Het werkt. De meeste mensen met honden hebben er nooit aan gedacht dat het zo vervelend was voor ons. Ze willen best opruimen (zeggen ze). Alleen dat rare baasje van Boris niet. Hij wil niet naar ons luisteren. Ik weet niet meer wat ik moet zeggen als Bert-Jan opeens te hulp schiet. Je bent nu of Bert-Jan, of het rare baasje. En als je die laatste bent, lees je ook de tekst van de burgemeester.
Let op: die twee praten héél anders!

Bert-Jan	Luister eens, kerel. Deze kinderen hebben er recht op hier te spelen, zonder zich te besmeuren.
baasje	Besmeuren. Haha, praat normaal man.
Bert-Jan	Ik spreek anders perfect ABN.
baasje	Aa-bee, watte?
Bert-Jan	Algemeen Beschaafd Nederlands. En wat beschaafder gedrag zou u ook niet misstaan.
baasje	Pardon?

Bert-Jan	Dat je je hond hier niet moet laten poepen. Die kinderen willen niet om jouw drollen heen voetballen. Laat die hond uit in je eigen tuin! Dan ga je er zelf lekker omheen slalommen.
baasje	Ach man, ga weg met je kouwe kak ...
Bert-Jan	Beter kouwe kak, dan hondenkak.
baasje	Dat zeg jij...
Bert-Jan	Precies!

Het rare baasje wil nog wat zeggen, maar dan stopt er opeens een grote auto. De burgemeester stapt uit. Uit de kofferbak van haar auto haalt ze een bord.

burgemeester	Beste actievoerders, lieve Sam.
	Ik was zéér onder de indruk van jullie
	vragenlijsten. Goed gedaan!

Mama geeft Bert-Jan een kus. Sam ziet het, maar ze vindt
het niet erg. Hij heeft het verdiend. Omdat hij zo lief
geholpen heeft!

burgemeester	Ik heb hier een bord. Een echt bord.
	Omdat wij van de gemeente vinden dat
	jullie hier mogen voetballen. En er
	dus niet meer gepoept mag worden!

Een groot gejuich barst los. Boris en zijn baasje schieten
weg tussen de mensen. Bert-Jan schudt de hand van de
burgemeester.

| Bert-Jan | Dank u wel, burgemeester. |
| burgemeester | Graag gedaan, Bert-Jan. |

Buurman Schmitt probeert het bord de grond in te krijgen.
Samen met mama Els.
Alle andere buren stormen het gras op. Ze praten met
elkaar en ze lachen. Ze genieten van het veldje. En van het
voetballen. En van de hapjes die Peter van de Buurtsuper
uitdeelt. Sam is blij. Ontzettend blij!

En nu ...

Sam

papa Job

*E*n nu ... *zit ik binnen. Achter de computer, ja. Ik moet mijn vader even vertellen hoe het allemaal gaat. Hij is nu in Bolivia. Maar gelukkig hebben ze daar ook plekken waar je op internet kunt. Ik zie mijn vrolijke vader Job op het scherm. Hij lacht. Ik ook.*

papa Job	Ha, die lieve Sam. Wat zie je er vrolijk uit.
Sam	Ik ben ook vrolijk. Alles gaat goed. We hebben actie gevoerd. En gewonnen. Het grasveldje is nu drollenvrij.
papa Job	Ik zag het op die website van je. www.wegmethondenpoep.nl. Goed bedacht. Fijne foto's ook.
Sam	Heb je ook die foto van die rare vent gezien? Met die grote herdershond?
papa Job	Boris en zijn dikke drol.
Sam	Precies die.
papa Job	Die kerel zag er eng uit.

Sam	Hij is ook eng, maar Bert-Jan heeft hem aangesproken. En nu komt hij niet meer.
papa Job	En die grote drollendraaier dus ook niet.
Sam	Gelukkig niet! Ehm, het spijt me, maar ik moet nu gaan. Het is al zes uur geweest.
papa Job	Is je uurtje achter de computer alweer voorbij?
Sam	Ilias wacht. En Jort en Jessica. En Peter van de Buurtsuper. We voetballen met zijn allen. En Bert-Jan doet trouwens ook mee.

Sam kijkt voorzichtig naar het scherm. Misschien vindt papa het niet leuk, dat Bert-Jan meedoet. Maar papa lacht lief.

papa Job	Nog een paar weekjes. En dan doe ik ook mee met voetballen. Op jouw drollenvrije veldje.
Sam	Leuk. Tot dan!
papa Job	Tot dan, lieverd.

Sam blaast nog een handkus naar papa in Bolivia. Dan zet ze de computer uit. Ze holt naar buiten. Naar het veld. Achter de computer zitten is fijn. Maar samen voetballen is ook héél fijn!

Bibliotheek Slotermeer
Plein '40 - '45 nr. 1
1064 SW Amsterdam
Tel.: 020 - 613.10.67
e-mail: slm@oba.nl